Pentrefi Hud

Darluniau: Jenny Williams
Testun: Siân Lewis

Cysyniad, creadigaeth a dyluniad Cyhoeddiadau FBA mewn cydweithrediad ag
Awdurdod Cymwysterau, Cwricwlwm ac Asesu Cymru (ACCAC)
Cyhoeddiadau FBA
Aberystwyth
2001

Roedd Bethan a Gareth yn cael gwyliau ar lan y môr gyda Mam a Dad.
Roedd Gareth yn palu twll a Bethan yn casglu cregyn.
'Dwi'n hoffi'r rhai bach pinc sy'n edrych fel clustiau llygod,' meddai Bethan.

Cyn i Bethan lanw ei bwced, dechreuodd fwrw glaw.
'Dim ots,' meddai Mam.
'Fe gei di gasglu rhagor o gregyn fory.
Dewch i ni redeg i'r garafán i nôl ein cotiau glaw,
wedyn fe yrrwn ni i Borthmadog i siopa.'

Roedd Porthmadog yn llawn o ymwelwyr. Gwelodd Bethan ddau ffrind o'r maes carafannau o flaen y siop lyfrau.

Tra oedd Mam yn prynu bara,
cerddodd Dad, Bethan a Gareth i'r marina.
'Edrychwch! Mae gan y cwch draw fan'na
yr un enw â fi!' meddai Bethan.

Roedd Mam wedi prynu pysgod a sglodion hefyd.
‘Pwy sy am ginio yn y car?’ gofynnodd.
‘Ar ôl i ni fwyta fe awn am dro yn y car,’ meddai Dad,
‘ac fe ddangosa i’r Wyddfa, mynydd uchaf Cymru, i chi.’

Gwasgodd Bethan a Gareth eu trwynau ar y ffenest
a syllu ar y mynyddoedd yn y pellter.
Roedd copa’r Wyddfa ar goll yn y cymylau.

‘Allwn ni fynd i ben Yr Wyddfa?’ gofynnodd Gareth.
‘Dim heddiw. Mae’n rhy wlyb,’ meddai Dad gyda gwên.
‘Yn lle hynny, beth am fynd **i mewn** i ryw fynydd!’
‘Rydyn ni am ymweld â chwarel,’ meddai Mam, gan estyn pum ceiniog i Dad i dalu’r dyn wrth y dollborth y tu draw i Borthmadog.

Parciodd Dad y car ger Ceudwll Llechwedd.
Erbyn hynny roedd y glaw wedi peidio
a'r haul yn disgleirio ar y llechi a'r toeau.
'Dewch i weld sut oedd y chwarelwyr yn cloddio am lechi
yn yr hen amser,' meddai Mam gan fynd at yr amgueddfa.

Roedd darnau anferth o lechi yn yr amgueddfa.
'I beth dda oedd y cerrig mawr 'ma?' gofynnodd Gareth.
'Roedd y chwarelwyr yn hollti'r cerrig yn dafelli tenau ac yn gwneud llechi i'w rhoi ar y to,' atebodd Bethan.
'Meddyliwch,' meddai Mam, 'roedd llongau'n arfer hwylio o Borthmadog a chludo llechi Cymru dros y byd i gyd.'

Allai Gareth a Bethan ddim aros i fynd dan ddaear.
Gwisgon nhw hetiau caled ac aros yn y ciw.
Aeth y trên â nhw'n ara bach i lawr i'r Gloddfa Ddofn.
Ar ôl disgyn o'r trên cerddodd pawb drwy'r ogofâu tywyll,
llaith yng nghrombil y mynydd.

Yn sydyn fe gyrhaeddon nhw ogof enfawr.
Llifodd goleuadau coch a gwyrdd a glas drwy'r ogof ... a miwsig swynol.
O dan y goleuadau disgleiriai llyn llonydd.
'Mae fel ogof hud!' sibrydodd Bethan.
Daeth y sioe i ben yn rhy fuan o lawer.
'Allwn ni gael tro arall?' gofynnodd Gareth,
wrth iddyn nhw gerdded yn ôl i'r awyr agored.

Prynodd Bethan a Gareth anrhegion i gofio'r gwyliau.
Dewisodd Bethan gylch allwedd wedi ei wneud o lechen
a phrynodd Gareth het felen galed wedi ei gwneud o blastig.
'Dwi'n mynd i fod yn adeiladydd pan dyfa i'n fawr,' meddai.
'Beth fyddi di'n adeiladu?' gofynnodd Bethan.
'Beth bynnag dwi eisiau,' atebodd Gareth, gan chwarae
gyda'r darnau mân o lechen oedd yn ei boced.

‘Rhaid i ni fynd â ti i bentref Portmeirion ’te,’ meddai Dad,
gan yrru’n araf a gofalus ar hyd y ffordd droellog.
‘Byddi di’n hoffi Portmeirion.
Dyn o’r enw Clough Williams-Ellis adeiladodd y pentref
ac mae’r lle’n llawn o’i hoff bethau.’

Drannoeth, pan aethon nhw i Bortmeirion,
roedd Gareth yn dal i wisgo'r het felen.
Ym Mhortmeirion roedd tai mor felyn â'i het –
a rhai pinc a rhai glas ac o bob lliw a llun.

Pwyntiodd Gareth at adeilad tal main gyda chloch yn y to.
'Pan fydda i'n fawr, dwi'n mynd i adeiladu tŵr fel hwnna,' meddai.
'Dwi'n mynd i wneud llyn a cherflun,' meddai Bethan.

Cydiodd Mam yn ei llaw a phwyntio at grŵp o bobl mewn dillad priodas yn sefyll wrth y llyn.
Roedd y ffotograffydd yn barod i dynnu llun y grŵp, ond roedd y gwynt yn chwythu ffrogiau'r merched.
'Dyna lwc fod yr haul yn tywynnu,' meddai Dad.
'Ddoe fe fydden nhw wedi gwlychu i'r croen.'

Roedd Gareth wedi mynd i edrych ar gerflun o lew mawr llonydd.
Cripiodd Bethan ato a rhuo'n uchel yn ei glust.
Neidiodd Gareth mewn braw.

Ar hynny, fe glywson nhw bobl eraill yn gweiddi.
'Maen nhw'n chwilio am rywun,' meddai Bethan.

Yn sydyn, gwibiodd bachgen bach mewn gwisg morwr o'r llwyni yn eu hymyl.
'Dere glou,' meddai Bethan wrth iddi droi i'r chwith.
'Rhaid i ni helpu i'w ddal e.'
Rhedodd y ddau ar ei ôl nerth eu traed.

Cydiodd Bethan yn y gwas bach
a mynd ag e'n ôl at y bobl wrth y llyn.
Tyrrodd pawb o gwmpas i ddweud diolch yn fawr.
'Wel ...' meddai Dad. 'Rhaid i fi gael llun o hyn.
Dyna beth oedd helynt a hanner!'

Erbyn iddyn nhw gyrraedd yn ôl i'r garafán yn ddiweddarach, roedd yr haul yn machlud.

Dododd Gareth ei gardiau o Bortmeirion i sefyll
mewn rhes cyn dringo i'r gwely a'i het ar ei ben.
'Dwi eisiau adeiladu pentref nawr,' meddai.
'Dwi ddim eisiau aros tan y bydda i'n fawr.'
'Wel, does dim rhaid i ti aros,' meddai Bethan
a sibrydodd yn ei glust.

Drannoeth aeth Bethan a Gareth i'r traeth yn syth ar ôl brecwast.
Gyda help Mam a Dad fe adeiladon nhw ddau bentref bach yn y tywod.

Ym Mhorth-Gareth roedd afon a llong a chastell gyda llechi ar y to.
Ac ym Mhorth-Bethan roedd llyn a gardd o gregyn.

Ymgynghorwr Daearyddiaeth: Olive Dyer

Y mae cofnod catalogio'r gyfrol hon ar gael gan y Llyfrgell Brydeinig.

Cyhoeddwyd gyda chymorth ariannol ACCAC (Awdurdod Cymwysterau, Cwricwlwm ac Asesu Cymru).

Cyhoeddwyd Gorffennaf 2001 gan
Gyhoeddiadau FBA, Rhif 4, Y Parc Gwyddoniaeth,
Aberystwyth, Ceredigion SY23 3AH
Ffôn: (01970) 636400 Ffacs: (01970) 636414
Ebost: cyhoeddiadau@fbagroup.co.uk
Gwefan: www.fbagroup.co.uk

Dyluniwyd gan Francis Balsom Associates
Argraffwyd yng Nghymru

ISBN 1 901862 48 8